CON GRIN SU CONOCIMIENTOS VALEN MAS

Leo Müller

La vanguardia gallega y Manuel Antonio

GRIN Verlag

Bibliografische Information der Deutschen Nationalbibliothek:

Die Deutsche Bibliothek verzeichnet diese Publikation in der Deutschen National-
bibliografie; detaillierte bibliografische Daten sind im Internet über http://dnb.d-
nb.de/ abrufbar.

Imprint:

Copyright © 2013 GRIN Verlag GmbH
Druck und Bindung: Books on Demand GmbH, Norderstedt Germany
ISBN: 978-3-656-54745-7

This book at GRIN:

http://www.grin.com/es/e-book/264997/la-vanguardia-gallega-y-manuel-antonio

GRIN - Your knowledge has value

Der GRIN Verlag publiziert seit 1998 wissenschaftliche Arbeiten von Studenten, Hochschullehrern und anderen Akademikern als eBook und gedrucktes Buch. Die Verlagswebsite www.grin.com ist die ideale Plattform zur Veröffentlichung von Hausarbeiten, Abschlussarbeiten, wissenschaftlichen Aufsätzen, Dissertationen und Fachbüchern.

Visit us on the internet:

http://www.grin.com/

http://www.facebook.com/grincom

http://www.twitter.com/grin_com

La vanguardia gallega

y Manuel Antonio

Indice

1. Introducción

La transición del siglo XVIII al siglo IXX se caracteriza sobre todo por su variedad – en todos los campos. Es un tiempo en el que hay muchas invenciones, muchos cambios y con ello, un desarrollo contradictorio. Todas épocas tienen sus delimitaciones de otras, pero esta transición se caracteriza por la dificultad de marcar claras líneas, puesto que uno de sus aspectos es la variedad. Niklas Luhmann, por ejemplo, considera este época como una "Sattelzeit [...]" en la que los desarrollos técnicos, científicos, psicológicos etc. influyen toda la vida humana.[1]

Las nuevas formas comunicativas (radio, prensa), las nuevas formas de transporte (tren, avión, coche), las nuevas medias (televisión, cinema) y, además, nuevas formas de vivir – que se refieren a las ciudades que crecen en el contexto de la industrialización (urbanización), hacen que la vida de la sociedad se convierte en formas desconocidas caracterizadas por su dinámica, velocidad y energía. Además los descubrimientos en las ciencias naturales dan un gran impulso a la creación de un nuevo concepto del mundo, una nueva imagen humana y la creación de una nueva estética. Según Luhmann, estos son adelantos que hacen una época ser una época.[2]

En este contexto nacen las vanguardias europeas – grupos de artistas que difunden un nuevo sentimiento y, aunque se diferencian en muchos aspectos, hay algo que les une cada uno con otro: es la ruptura con el pasado y la conciencia de que haya llegado un nuevo tiempo que requiere un nuevo ser humano, un nuevo arte y una nueva manera de ver el mundo en el que se vive.[3]

Se habla mucho de la literatura francesa, italiana, española y portuguesa, ignorando que también Galicia tiene su propia historia de la literatura. En tratar el tema de la vanguardia italiana y alemana, me pregunté si Galicia

---

[1] Luhmann, N., *Das Problem der Epochenbildung und die Evolutionstheorie.* En: Hans Ulrich Gumbrecht u. Ursula Link-Heer (Ed.): Epochenschwellen und Epochenstrukturen im Diskurs der Literatur- und Sprachhistorie. Frankfurt a. M 1985, p.19.
[2] Ibídem.
[3] Cfr. Neuschäfer, H.-J.(Ed.): *Spanische Literaturgeschichte.* Stuttgart/Weimar 2006, 3a edición, p. 350.

también tuviera una vanguardia y cómo se caracterizase esta. Puesto que – estudiando la vanguardia – se nota que se forman distintos tipos que se unen todos en un grupo literario y, todo esto, al mismo tiempo me parece un buen aspecto que vale la pena analizarlo.

Este ensayo tratará, por primero, el tema de las vanguardias europeas concentrándose especialmente en la vanguardia gallega que tiene como representante el escritor gallego Manuel Antonio. Por último, se verán los típicos motivos del movimiento en un poema ejemplar de Manuel Antonio, „Sós".

2. Las vanguardias europeas

Las vanguardias europeas son un conjunto de movimientos artísticos entre el 1909 y el 1930 que quieren romper con el pasado y se caracterizan por sus provocaciones que se aplican a todos campos: la pintura, la escultura, la música, la literatura – o, en caso del futurismo italiano, en cada campo de la vida (cfr. *Manifiesto de la cocina futurista* (1930), *Manifiesto de la mujer futurista* (1912)).

Los grandes –ismos europeos se crean en el mismo tiempo. El futurismo nace con el manifiesto de Filippo Tommaso Marinetti que fue publicado en *Le Figaro* en Paris el 2 febrero 1909. La presentación del nuevo movimiento y además una poética que representa reglas como se haya que escribir de manera futurística. Es la primera vez que aparece un comentario antes de que se lea la poesía y hará mucho éxito como guida de creación porque la poética intenta de reflejar el nuevo sentimiento del tiempo: la velocidad, la dinámica, la energía, el progreso y la orientación hacia el futuro rompiendo completamente con el pasado y todo con todo lo que está colocado a este.

El cambio más importante es la concepción del arte que acaba de ser imitación de la realidad sino una nueva interpretación personal de ella, porque llega a innovaciones como el „parolibersimo", la abolición de la puntuación etc.

El artista no se ve encerrado en un campo estético sino que se siente libre de actuar, crear, opinar en cada sector que le guste.

Todo esto tiene que ser visto con una nueva época: por la primera vez temas que antes fueron colocados con la iglesia entran en nuevos esferas: El ser humano empieza de descubrir el mundo por sí mismo, hace preguntas refiriéndose a la natura y la ciencia pero no a la iglesia. Nietzsche publica sus escrituras que tratan el tema de las mentiras de la religión y la iglesia y define un nuevo tipo de artista: El artista como fisiólogo que mira la preciso en lugar de crear lo bello porque se quiere ver como parece el mundo de verdad y no más verlo todo a través de un velo.[4]

Freud menciona el papel de lo inconsciente en el ser humano y define la sociedad y las construcciones culturales como causa de una cierta represión de lo interior que hace que el individuo pierda la confianza en sí y está enfermo por los problemas que tiene con la sociedad.[5]

El sentimiento nuevo va acompañado de la ruptura con el pasado porque hay demasiados cambios que hacen una diferencia tan grande que se crean nuevas concepciones que rompen, por ejemplo, con el romanticismo (cfr. desaparece la estética de lo bello), nuevas poéticas intentan de romper las reglas de la gramática (cfr. los manifiestos de los futuristas), y dejar entrar la estética de lo feo.[6]

Un aspecto – que muchas veces no viene mencionado – es el hecho de que, por la primera vez, cae la competición entre los distintos géneros artísticos y la ruptura de los sistemas tradicionales de representación establecidos hasta ese momento y de las fronteras entre lenguajes abre un mundo artístico unido – por los distintos géneros como también por los países que ahora comunican, colaboran y crean juntos.

El escritor expresionista Paul Kornfeld comenta que si alguien le preguntase porqué el pintor Kokoscha escribiese obras dramáticos él se

---

[4] Kimmich, D.; Wilke, T., *Einführung in die Literatur der Jahrhundertwende*, Darmstadt 2006, WBG, p. 35s.

[5] Ibídem, p. 45.

[6] Ibídem, p. 36.

les preguntara con la pregunta opuesta: y ¿por qué no compone sinfonías, operas, canciones, y por qué no es también escultor?.[7]

Y también el pintor futurista Boccioni critica a la gente que trata la música, el arte, la escultura y la literatura como cosas inconexos diciendo que sea gente que vive en el pasado (Quelle!).

2.1 La vanguardia gallega y su representante Manuel Antonio

La vanguardia gallega llamado creacionismo se funde gracias al chileno Vicente Huidobro que se encuentra mucho tiempo de su vida en París y ve los cambios que se están difundiendo en toda Europa. Su divisa es hacer un arte que no sea imitación ni traducción de la realidad. Llegado a Galicia divulga el nuevo concepto del artista vanguardista: romper con el pasado, observar exactamente y crear lo que nunca veremos – aspectos que nacen sobre todo en el contexto de los descubrimientos de Freud.

La puntuación viene vista – como la ven los futuristas – como una presión que delimita el escritor y bloquea el trabajo creativo creando límites que no hay, en consecuencia, pide una supresión de la puntuación a favor de la libertad en la elaboración de imágenes.

Un autor muy famoso de este movimiento es el gallego Manuel Antonio (1900-1929), puede ser que es él el primer autor gallego cuya obra y vida estén tan colocados que es imposible separarles. Como muchos movimientos vanguardias también el creacionismo publico varios manifiestos. El género literario del manifiesto es apto por expresar en pocas y claras palabras su intención, abrir la oportunidad de escribir algo que sea fácil de leer enfrente de un gran público – propaganda barata por un autor que no tiene un apoyo de la cultura oficial.[8] Manuel Antonio publica su manifiesto ¡Máis Alá! en el año 1922; hace una crítica a otros movimientos literarios articulándose claramente contra el pasado y la

---

[7] Paul Kornfeld: Kokoschka. En: T. Anz, M. Stark (Ed.): Expressionismus. Manifeste und Dokumente. Zur deutschen Literatur 1910-1920. Stuttgart 1982, S. 685s.

[8] Ruiz Mejía, C.: *Manuel Antonio y la vanguardia literaria gallega*, Universidad de Complutense de Madrid, p. 152..

tradición para crear espacio por la originalidad y contra el uno de idiomas que no sean el gallego:

Nós somos os novos galeguistas que propugnamos unha roptura, múltiples camiños, a seguridade do triunfo pola evidencia da nosa orixinalidade e da nosa valía [...] a nosa Fala é nosa. Pospol-a a outra calquera, é unnha forma d' o suicidio.[9]

Parece paradójico: Manuel Antonio rechazaba copiar las vanguardias europeas proclamando una libertad creativa absoluta para todos los escritores – mencionando así un aspecto importante de las vanguardias europeas.

Manuel Antonio estudió náutica en Vigo y su pasión por el mar lo llevó a hacer varios viajes en barco. Desde muy pronto se diagnosticó la tuberculosis y en el año 1929 murió de esa enfermedad. Publicó solo una obra que, evidentemente, es resultado y ganancia de su vida marítima: De *catro a catro* (1928).

Ya el título es especial – no se refiere a doce horas de un día sino a los periodos de las guardias nocturnas en el barco – cuatro horas. Así que se ve „la gran originalidad del volumen", el carácter fragmentario.[10]

La viento presente o ausente viene de su simpatía por las barcas de vela y su aversión por los barcos de vapor y la presencia de la noche que simboliza su concepción de la vida que se caracteriza por el pesimismo que siente el yo literario son típicos motivos de los poemas de Manuel Antonio. La disposición de los diecinueve poemas de la obra De *catro a catro* consiste en una estructura circular de „travesía marítima"[11]: empieza con el entusiasmo ante un mar que va a descubrir en su viaje hacia los imágenes del viaje por el mar y acaba con el regreso a tierra, y con eso, el final de la navegación. El hecho de que todo sea circular permite de interpretar que por el yo literario „todo se repite"[12]. El efecto que crea hacia afuera de esta atmósfera es la de la monotonía del viaje y del ser humano

---

[9] Ríos Panisse, M.<<O rupturismo do manifesto ¡Máis Alá!>>, en *Dorna*, 1989, p.91.
[10] Raña, R.: *Manuel Antonio os paradoxos da vida*, Xacobeo 2010, p.2.
[11] Ibídem.
[12] Ibídem, p.3.

– se puede ver el viaje como metáfora de la vida humana: la despedida, repeticiones de situaciones, sentimientos que se repiten, los altibajos, el vaivén.

El subtítulo *Follas send ata dun diario de abordo* es paradójico como lo es el viaje de la vida: por un lado el autor lo llama un diario, pero por otro faltan las fechas – así que nos llega a pensar en que es un diario que no es un diario – come en situaciones en las que la barca no se mueve por que no hay viento "el viaje no es viaje".[13]

El poema "Sós" aparece en la parte que está dedicada a la navegación y une todos elementos mencionados: El yo literario explica que se quedan solos: el mar, el barco y nosotros. Habla de que les robaron el sol, el viento – todo lo necesario para vivir, y lo que queda en la soledad. El título „Sós" significa solos, pero también puede referirse al señal S.O.S. – un juego de palabras que grita los dos motivos más importantes del poema: la situación pesimista, la melancolía y la soledad tanto como el yo literario que se siente perdido y no sabe cómo sobrevivir y se sitúa a lado del barco y del mar, forma parte de elementos de la natura a los que robaron el sol y el viento. Queda claro, esta concepción de la natura no corresponde a la concepción tradicional que presenta la natura como un locus amoenus o harmonía y salvaje por el yo literario – el robo y la falta del sol y del viento son más la metáfora por un mundo reducido en el que el yo literario hace experiencias de soledad y melancolía. Lo que quedan son el yo, el barco y el mar – pero sin sol y viento no hay movimiento y así se manifiesta la concepción pesimista de la vida que se muestra sobre todo en la monotonía, las repeticiones de su visión desilusionada, la continua despedida y la completa "saudade" que presenta el yo perdido en y con el barco y el mar. Por la ausencia del viento el mar no es más un mar típico movido, el barco sin el viento no es más un típico barco, en consecuencia, "O cadavre d' o Mar/fixo d' o barco un cadaleito" (v.21/22). Todo llega a ser non movido, non vivo, como casi un nihilismo de Nietzsche que define todo como un espacio vacío, inanimado. Unos aspectos típicos que se

---

[13] Ibídem, p.4.

refrieren a la poética son la ausencia de puntuación y la falta de una sintaxis regular, porque los sentimientos y el proceso creativo no piensan en reglas y límites. Además, este hecho subraya la monotonía – todo es igual, no hay hipotaxis que arreglara el valor de las frases y tampoco hay un sistema de estrofas regular; el lector tiene que abrirse totalmente y liberarse de tradiciones, a favor de entrar en el mundo del yo literario que quiere expresar sus sentimientos.[14]

3. Conclusión

Este ensayo quería presentar las circunstancias en las que nacen unos de los movimientos literarios más interesantes, puesto que es un fenómeno europeo que atraviesa las fronteras de su país y se intercambia con otros. Un típico aspecto de este fenómeno es que las vanguardias europeas se definen sobre todo por su gran variedad en su propio movimiento tanto como en la comparación con otros movimientos. Pero pese a todo encontramos aspectos como el manifiestanismo, la ruptura con el pasado y las tradiciones, la orientación hacia el presente o el futuro que todos tienen en común.

Poco mencionado pero importante tanto como el futurismo italiano, el expresionismo alemán y otras vanguardias, hemos visto que también Galicia tuvo su propio movimiento literario vanguardista - el creacionismo. El análisis ha mostrado cuales son los aspectos que hacen que forma parte de las vanguardias europeos y ha puesto de relieve el autor gallego, Manuel Antonio con su obra *De catro a catro*, como modelo del movimiento literario por su manifiesto, su tema de obra y su poética.

---

[14] Se podría analizar el poema más exactamente, pero por mi intención estos son los aspectos más importantes que quería mencionar.

4. Bibliografía

Anz, T., M. Stark (Ed.): *Expressionismus. Manifeste und Dokumente. Zur deutschen Literatur 1910-1920.* Stuttgart 1982.

Antonio, M.: *De catro a catro*, Dombate Poesía, Galaxia 2001.

Kimmich, D.; Wilke, T., *Einführung in die Literatur der Jahrhundertwende*, Darmstadt 2006, WBG.

Luhmann, N. *Das Problem der Epochenbildung und die Evolutionstheorie.* In: Hans Ulrich Gumbrecht u. Ursula Link-Heer (Hrsg.): Epochenschwellen und Epochenstrukturen im Diskurs der Literatur- und Sprachhistorie. Frankfurt a. M 1985, p. 11-33.

Neuschäfer, H.-J.(Ed.): *Spanische Literaturgeschichte.* Stuttgart/Weimar 2006, 3a edición.

Raña, R., *Manuel Antonio e os paradoxos da vida.* Xacobeo 2010. Fuente electrónica: http://territorio.aelg.org/Resources/manuelantonio_xunto.pdf [13.08.2013].

Ríos Panisse, M.<<O rupturismo do manifesto ¡Máis Alá!>>, en *Dorna*, 1989.

Ruiz Mejía, C.: *Manuel Antonio y la vanguardia literaria gallega*, Universidad de Complutense de Madrid, p. 151 – 158.

5. Apéndice

SÓS

FOMOS ficando sos
o Mar o barco e mais nós

Roubánronnos o Sol
O paquebote esmaltado
que cosía con liñas de fume
áxiles cadros sin marco

Roubáronnos o vento
Aquel veleiro que se evadeu
pola corda floxa do horizonte

Este oucéano desatracou das costas
e os ventos da Roseta
ourentáronse ao esquenzo
As nosas soedades
veñen de tan lonxe
como as horas do reloxe
Pero tamén sabemos a maniobra
dos navíos que fondean
a sotavento dunha singladura
No cuadrante estantío das estrelas
ficou parada esta hora:
O cadavre do Mar
fixo do barco un cadaleito

Fume de pipa   Saudade
Noite   Silenzo   Frío
E ficamos nós sós
Sin o Mar e sin o barco
nós